BEI GRIN MACHT SICH IHR WISSEN BEZAHLT

Anonym

Wir machen unseren Schulwegführerschein

Handlungsorientierte Unterrichtsreihe zur Sensibilisierung für die Gefahren des eigenen Schulweges (Klasse 1/2)

GRIN Verlag

Bibliografische Information der Deutschen Nationalbibliothek:

Die Deutsche Bibliothek verzeichnet diese Publikation in der Deutschen National-
bibliografie; detaillierte bibliografische Daten sind im Internet über http://dnb.d-
nb.de/ abrufbar.

Impressum:

Copyright © 2013 GRIN Verlag GmbH
Druck und Bindung: Books on Demand GmbH, Norderstedt Germany
ISBN: 978-3-656-72349-3

Dieses Buch bei GRIN:

http://www.grin.com/de/e-book/278731/wir-machen-unseren-schulwegfuehrerschein

1 Unterrichtsreihe

1.1 Thema und Ziel der Unterrichtsreihe

„Wir machen unseren Schulwegführerschein" – Eine handlungsorientierte Unterrichtsreihe zur Sensibilisierung für die Besonderheiten und Gefahren des eigenen Schulweges sowie zur Erarbeitung und Einübung eines situations- und regelgerechten Verhaltens im Straßenverkehr.

1.2 Aufbau der Unterrichtsreihe

	Datum / Zeit	Inhalt / Ziel
1.1.1	06.12.2013 45 min	**So komme ich zur Schule** – In kooperativen Austausch sprechen die Schülerinnen und Schüler über ihren Schulweg (Wie komme ich zur Schule? Mit wem gehe ich zur Schule? Was erlebe ich auf meinem Schulweg?) und halten ihre individuellen Erfahrungen mithilfe eines Fragebogens fest, um das Vorwissen zu aktivieren, die bereits vorhandenen thematischen Kenntnisse zu ermitteln und die individuellen Schulweggegebenheiten bei der weiteren Planung der Unterrichtsreihe zu berücksichtigen.
1.1.2	10.12.2013 60 min	**Hindernisse auf meinem Schulweg** – Die Schülerinnen und Schüler nehmen gefährliche Situationen rund um ihren Schulweg wahr, indem sie ihren eigenen Schulweg von dem eigenen Wohnhaus bis hin zur Schule zeichnen und mögliche Gefahrenstellen, wie Zebrastreifen, ungesicherte und gesicherte Straßenübergänge mithilfe von Bildern markieren.
1.1.3	12.12.2013 45 min	**Schlechtes Wetter – Schlechte Sicht** – Die Schülerinnen und Schüler erkennen, dass durch schlechte Witterung und Dunkelheit die Sichtbedingungen im Straßenverkehr stark einschränkt und die Sichtverhältnisse bei Fußgängern und anderen Verkehrsteilnehmern unterschiedlich sein können, indem sie Bilder von guten und schlechten Sichtbedingungen sowie die eigene Sicht mit der von anderen Verkehrsteilnehmern vergleichen.
1.1.4	13.12.2013 45 min	**Wie werde ich gut gesehen?** – Die Schülerinnen und Schüler finden heraus, dass helle, kontrastreiche und stark reflektierende Kleidung dabei helfen kann, um bei schlechter Witterung und Dunkelheit von anderen Verkehrsteilnehmern besser gesehen zu werden, indem sie verschiedene Kleidungsstücke in einer 'Blackbox' mit einer Taschenlampe beleuchten und auf ihre Sichtbarkeit untersuchen.
1.1.5	17.12.2013	**Links – Rechts – Geradeaus** – Die Schülerinnen und Schüler schulen ihre motorischen Fähigkeiten im Hinblick auf ihre Rechts-Links-Koordination, indem verschiedene Wahrnehmungsübungen und -spiele durchgeführt werden.
1.1.6	20.12.2013 90 min	**So gehe ich sicher über die Straße** – Im Rahmen eines handlungsorientierten Stationslaufes üben und die Schülerinnen und Schüler modellhaft das Überqueren von gesicherten und ungesicherten Straßenübergängen, um situationsorientierte und regelrechte Verhaltensweisen zur Straßenquerung zu entwickeln.
1.1.7	09.01.2014 90 min	**Stopp! Die Polizei kommt zu Besuch** – Die Schülerinnen und Schüler gehen mit einem Polizisten gesicherte und ungesicherte Straßenübergänge ab, um das bereits Gelernte praktisch anzuwenden und durch das erneute Üben zu verinnerlichen. Darüber hinaus soll durch die Aushändigung eines Schulwegführerscheins die Arbeit der Kinder gewürdigt werden.

2 Fachwissenschaftliche und fachdidaktische Überlegungen zum eingegrenzten Thema der Unterrichtsstunde

2.1 Bereich des Faches mit dem Schwerpunkt lt. Lehrplan

Bereich des Faches: „Raum, Umwelt und Mobilität" [1]

Schwerpunkt: „Verkehrsräume und Verkehrsmittel" [2]

2.2 Fachwissenschaftliche Analyse des ausgewählten Themas /des ausgewählten Lerninhaltes

Mit der dunklen Jahreszeit wachsen die Anforderungen an einen sicheren Schulweg, denn „in der Dämmerung und im Dunkeln ist die Gefahr für Kinder besonders groß, von Autofahrern übersehen zu werden." [3] Die Sehschärfe verringert sich bei schlechter Witterung und Dunkelheit beträchtlich, auch wenn dies oft nicht so empfunden wird. [4] Gegenüber hellem „Tageslicht steht nur ein Bruchteil der visuellen Informationen zur Verfügung." [5] Autofahrer nehmen Fußgänger bei schlechter Sicht und schlechter Sehfähigkeit erst sehr spät war. Zwar sind die Fernlichter eines Fahrzeuges so konstruiert, dass „die Ausleuchtung möglichst weit reicht – rund 150 Meter" [6], in der Dunkelheit darf jedoch der Gegenverkehr nicht geblendet werden. Die Sichtweite eines normalen Scheinwerfers beträgt je nach Einbauhöhe 40 bis 70 Meter. [7] Bei Dunkelheit und schlechten Sichtverhältnissen wird

„ein dunkel gekleideter Fußgänger erst auf eine Entfernung von 25 bis 30 Metern wahrgenommen. Dies ist oftmals zu spät, um einen Unfall zu vermeiden. Bei einer Geschwindigkeit von 50km/h und einem Anhalteweg von 40 Metern kann ein Autofahrer gar nicht mehr rechtzeitig bremsen." [8]

Im Vergleich dazu können hell und kontrastreich gekleidete Personen bereits aus einem Abstand von 40 bis 50 Metern erkannt werden. Noch effektiver wirken retroreflektierende Materialien aller Art, denn diese „reflektieren das eintreffende Licht so stark, dass Autofahrer Menschen schon auf eine Entfernung von 130 bis zu 160 Metern erkennen können." [9]

---

[1] Ministerium für Schule und Weiterbildung: *Richtlinien und Lehrpläne für die Grundschule in Nordrhein Westfalen,* Düsseldorf: Ritterbach Verlag 2012, S.47, gefunden unter: <http://www.standardsicherung.schulministerium.nrw.de/lehrplaene/upload/klp_gs/LP_GS_2008.pdf> (06.12.2013).

[2] Ebd.

[3] Schmidt, Susanne: *DGUV Lernen und Gesundheit, Verkehrserziehung – Gut sichtbar,* Deutsche Gesetzliche Unfallversicherung (Hrsg.), Wiesbaden: Universum Verlag 2011, S.1.

[4] Vgl. Weiß, Josef: Sichtbarkeit bei Dunkelheit. Unterrichtsbausteine für die Grundschuleingangsklassen, Initiative 'Sichtbarkeit bei Dunkelheit'; C&A Mode KG, Deutsche Verkehrswacht e.V. (Hrsg.), Bonn: Verkehrswacht Verlag 2007, S.2.

[5] Unbekannter Autor: „Kleine Glaskugeln statt Tarnmantel", in: *Themenheft der Unfallkasse Post und Telekom (UKPT) Spezial: Sehen...und gesehen werden. Alles im Blick?,* 2009, S.5-8, hier S.6.

[6] Ebd.

[7] Ebd.

[8] Weiß, Josef: Sichtbarkeit bei Dunkelheit, a.a.O., S.2.

[9] Ebd.

Der Begriff Reflexion (reflectere = rückwärts biegen, zurück wenden) bezeichnet „ das in einem bestimmten Winkel vollständige oder teilweise Zurückwerfen eines Lichtstrahls bei dessen Auftreten auf die Grenzfläche zwischen zwei optisch verschiedenartigen Medien."[10] In der Regel werden drei verschiedene Arten der Reflexion des Lichts unterschieden: Die diffuse Reflexion, die Spiegelreflexion und die Retroreflexion. „Für die Sichtbarkeit im Straßenverkehr sind die diffuse Reflexion und die Retroreflexion entscheidend."[11] Bei einer *diffusen Reflexion* wird der Lichtstrahl unabhängig von der Einstrahlungsrichtung senkrecht zum Material zurückgeworfen (vgl. Abb. 1).[12] Beispielsweise reflektieren Materialien, wie Papier, Wandfarbe aber auch Kleidung das Licht diffus – helle Kleidung deutlich besser als dunkle.[13] Bei der *Spiegelreflexion* wird das einfallende Licht gespiegelt (vgl. Abb. 2). Glas, Spiegel und poliertes Metall sind Beispiele für Materialien mit Spiegelreflexion. „Diese ergibt sich zum Beispiel bei einem alten, nassen Emaille- Straßenschild, das seitlich von einem Autoscheinwerfer angestrahlt wird – das Licht wird vom Auto weg reflektiert."[14] Auf diese Weise ist, wenn kein Streulicht hinzukommt, rein gar nichts zu erkennen. „Eine Reflexion, die größtenteils in Richtung der Strahlungsquelle erfolgt, nennt man *Retroreflexion*."[15] Retroreflexionsmaterial besteht aus unzähligen kleinen, nebeneinanderliegenden Glaskügelchen – pro cm² bis zu 30.000 Stück oder aus kleinsten Prismen. Die Glaskügelchen und Prismen werfen das einfallende Licht, zum Beispiel das eines Autoscheinwerfers, in die Richtung zurück, aus der es kommt und sorgen so für eine deutlich bessere Erkennbarkeit (vgl. Abb. 3).

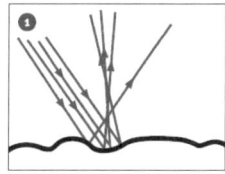 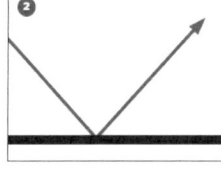 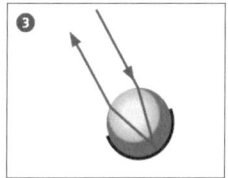

Diffuse Reflexion **Spiegelreflexion** **Retroreflexion**
Abbildung 1 Abbildung 2 Abbildung 3

Vgl. Abb. Schmidt, Susanne: *DGUV Lernen und Gesundheit, Verkehrserziehung – Gut sichtbar*, Deutsche Gesetzliche Unfallversicherung (Hrsg.), Wiesbaden: Universum Verlag 2011

2.3 Didaktische Reduktion

In der heutigen Unterrichtsbesuchsstunde erfolgt eine inhaltliche Reduktion, welche u.a. durch die Lernprogression und das Spiralcurriculum legitimiert wird: Da die verschiedenen Reflexionsarten ein abstraktes, für die Kinder nicht greifbares Prinzip darstellen, wird von den Schülerinnen und Schülern nicht erwartet, dass sie dieses verstehen. Der inhaltliche Schwerpunkt liegt vielmehr auf dem Erkenntnisgewinn, dass helle, kontrastreiche und

---

[10]Gressner, Arndt: Springer Lexikon. Klinische Chemie, Heidelberg: Springer Verlag 2007, S.1124.
[11]Schmidt, Susanne: *DGUV Lernen und Gesundheit, Verkehrserziehung – Gut sichtbar*, a.a.O., S.3.
[12]Vgl. Unbekannter Autor: „Kleine Glaskugeln statt Tarnmantel", a.a.O., S.6.
[13]Vgl.ebd.
[14]Schmidt, Susanne: *DGUV Lernen und Gesundheit, Verkehrserziehung – Gut sichtbar*, a.a.O., S.3.
[15]Unbekannter Autor: „Kleine Glaskugeln statt Tarnmantel", a.a.O., S.6.

retroreflektierende Kleidung in der Dunkelheit besonders gut zu erkennen ist und auf diese Weise vor Gefahren im Straßenverkehr schützen kann. Darüber hinaus ist nicht zu erwarten, dass die Schülerinnen Fachbegriffe wie beispielsweise 'Reflexion' oder 'Scheinwerfer' verwenden.

2.4 Fachdidaktische und methodische Begründung

Im Herbst und Winter legen morgens viele Grundschulkinder ihren Schulweg im Dunkeln zurück. Erschwerend kommen häufig ungünstige Witterungsverhältnisse wie starker Regen, Nebel oder Schnee hinzu, die die ohnehin schon schlechte Sicht noch zusätzlich verstärken. „Schlechte Sicht ist besonders für Kinder als Fußgänger gefährlich."[16] Zum einen werden sie von Autofahrern durch ihre geringere Körpergröße schlechter wahrgenommen, zum anderen können sie die Geschwindigkeit der Autos häufig noch nicht richtig einschätzen.[17] Zusätzlich fällt speziell Erstklässlern der Perspektivwechsel oft noch schwer: „Wenn Kinder die Scheinwerfer eines Autos gut erkennen, können sie sich nicht vorstellen, dass der Autofahrer sie nicht sehen kann."[18] Dass in der dunklen Jahreszeit die Unfallgefahr auf dem Schulweg steigt, zeigt ein Blick auf die Unfallstatistik: „Zwei Drittel aller Schulwegunfälle zwischen 7 und 8 Uhr von 6- bis 14-jährigen Kindern als Fußgänger ereignete sich 2006 in den Herbst-Wintermonaten Oktober bis März."[19] Auch die am späten Nachmittag einsetzende Dämmerung erhöht das Unfallrisiko erheblich. Ein zentraler Grund dafür ist die mangelnde Sichtbarkeit bei Dunkelheit. Umso wichtiger ist das Thema 'sicherheitsorientierte Kleidung' gerade in den ersten Schulwochen der Schuleingangsphase aufzugreifen. Aktuell ist das Thema vor allem wegen des jahreszeitlichen Bezugs. Im Lehrplan bildet die Thematik einen grundlegenden Gedanken des Bereiches 'Raum, Umwelt und Mobilität': „Die Schülerinnen und Schüler untersuchen, reflektieren und beschreiben Merkmale sicherheitsorientierter Kleidung."[20]

In der Unterrichtsbesuchsstunde können die Schülerinnen und Schüler in einer Blackbox verschiedenfarbige Jacken (ausgeschnitten aus farbigen Stoffen und retroreflektierender Kleidung) an einer selbst gebastelten Stabpuppe auf ihre Sichtbarkeit im Dunkeln überprüfen. Mithilfe des Lichts einer Taschenlampe werden die Stabpuppen, welche am Ende der Blackbox durch einen kleinen Schlitz in die Box gehalten werden, beleuchtet. Durch ein kleines Guckloch im vorderen Bereich der Box können die Kinder die Sichtbarkeit der einzelnen Farben testen und deren Ergebnisse notieren. Die Sozialform der Partnerarbeit eignet sich in diesem Fall besonders gut, da die Schülerinnen und Schüler sich mit dem

---

[16] Schmidt, Susanne: *DGUV Lernen und Gesundheit, Verkehrserziehung – Gut sichtbar*, a.a.O., S.1.
[17] Vgl. Weiß, Josef: Sichtbarkeit bei Dunkelheit, a.a.O., S.2; Vgl. auch Statistisches Bundesamt, 2007.
[18] Schmidt, Susanne: *DGUV Lernen und Gesundheit, Verkehrserziehung – Gut sichtbar*, a.a.O., S.1.
[19] Vgl. Josef, Weiß: Sichtbarkeit bei Dunkelheit, a.a.O., S.3.
[20] Ministerium für Schule und Weiterbildung: *Richtlinien und Lehrpläne*, a.a.O., S. 47.

'Beobachten durch das Guckloch' und mit dem 'Hineinhalten der Stabpuppe' abwechseln können. Die Kinder, die die Lernaufgabe sehr schnell bearbeiten, erhalten die Zusatzaufgabe, an ihrer eigenen Kleidung oder im Klassenraum nach gut sichtbaren Materialien zu suchen und diese gegebenenfalls zu untersuchen (z.b. Katzenaugen).

In der anschließenden Reflexion überprüfen die Kinder, die bereits in der Einstiegsphase geäußerten Vermutungen und sortieren die verschiedenfarbigen Jacken nach ihrer Sichtbarkeit. Darüber hinaus können die Schülerinnen und Schüler, die an ihrer Kleidung oder im Klassenraum ähnliche helle oder reflektierende Kleidung gefunden haben, diese im Plenum zeigen bzw. vorstellen.

3 Bezug zur Lerngruppe

3.1 Fachbezogene Lernvoraussetzungen und Differenzierung

Die Klasse 1c setzt sich insgesamt aus 22 Kindern, 11 Mädchen und 11 Jungen zusammen. In der Klasse weisen 19 Kinder einen Migrationshintergrund auf. Zwei rumänische Schülerinnen verfügten zum Schulbeginn über keinen deutschen Wortschatz und wurden vorerst in die 'Auffangklassen' zurückversetzt, werden aber sobald sie ihre sprachlichen Defizite aufgearbeitet haben wieder in die Klasse 1c eingegliedert. Viele weitere Kinder verfügen ebenfalls über einen sehr geringen deutschen Wortschatz, woraus sich mitunter Probleme beim Aufgabenverständnis und Einschränkungen in der Verbalisierungskompetenz ergeben. Insgesamt lässt dich die Klasse als neugierig, aufgeweckt und motiviert beschreiben. Trotz einiger verhaltensauffälliger Schüler ist das Klassenklima überwiegend positiv, sodass zwar teilweise eine noch eher unruhige und stürmische aber dennoch angstfreie Lernatmosphäre herrscht. Grundsätzlich üben sich die Kinder noch in der Einhaltung von Klassenregeln, sie reagieren jedoch zunehmend, wenn man sie auf diese hinweist. Die Sozialform der Partnerarbeit wurde bereits im Verlauf der Unterrichtsreihe angebahnt – Dabei pflegen die meisten Kinder einen kooperativen und kommunikativen Umgang miteinander.

Aus dem bisherigen Reihenverlauf wird deutlich, dass nur wenige Schülerinnen und Schüler im Kindergarten Erfahrungen mit dem Thema 'mein sicherer Schulweg' gesammelt haben. Die Vorkenntnisse der Kinder sind zum Zeitpunkt der Unterrichtsbesuchsstunde noch relativ gering, da auch die Unterrichtsreihe eher in ihren Anfängen steckt. Auf Grundlage eines Kinderfragebogens wurde ermittelt, dass fast alle Kinder ihren Schulweg zu Fuß bestreiten und dabei viele Ampeln, ungesicherte Straßen und Zebrastreifen überqueren müssen. Die meisten Schülerinnen und Schüler werden auf ihrem Schulweg von anderen Kindern oder von ihren Eltern begleitet. Durch vorige Beobachtung wurde ebenfalls deutlich, dass manche

Schülerinnen und Schüler bereits mit sicherheitsorientierter Kleidung, wie Katzenaugen, Reflektoren an den Tornistern und Blinkschuhen ausgestattet sind.

Aufgrund der höchst individuellen Ausgangslage der Kinder werden verschiedene Maßnahmen der Differenzierung bereitgestellt. Die Lernaufgabe ist so gewählt, dass die Kinder auf unterschiedlichen Leistungsniveaus und in ihrer individuell benötigten Lernzeit an dieser arbeiten können. Die Kooperation mit dem Lernpartner kann eine zusätzliche Hilfestellung bieten, wenn sich die Kinder gegenseitig unterstützen. Um Misserfolge und Frustrationserlebnisse in der selbständigen Auseinandersetzung mit der Lernaufgabe zu vermeiden wird an der hinteren Tafelseite eine Anleitung des Arbeitsauftrages ausgehängt. Die Schülerinnen und Schüler, die die Lernaufgabe sehr schnell bearbeiten, erhalten zusätzliche Aufgaben.

Für die individuellen Lernvoraussetzungen folgt nun eine tabellarische Übersicht:

3.2 Erwartete Lernergebnisse

Die Minimalanforderung der Unterrichtsbesuchsstunde besteht darin, dass sie Schülerinnen und Schüler verschiedenfarbige und retroreflektierende Kleidungsstücke auf ihre Sichtbarkeit in der Blackbox untersuchen und ihre Beobachtungen auf dem Arbeitsblatt dokumentieren.

Die Maximalanforderung besteht darin, dass die Schülerinnen und Schüler Vermutungen äußern, welche Kleidung bei Dunkelheit gut zu sehen ist. Anschließend untersuchen sie verschiedenfarbige und retroreflektierende Kleidungsstücke auf ihre Sichtbarkeit in der Blackbox und dokumentieren ihre Beobachtungen auf dem Arbeitsblatt. In der anschließenden Reflexion vergleichen sie ihre Beobachtungen und erkennen, dass helle retroreflektierende Kleidung in der Dunkelheit besonders gut zu sehen ist. Darüber hinaus verallgemeinern sie diese Erkenntnis und verstehen, dass helle Kleidung und Reflektoren sie vor Gefahren im Straßenverkehr schützen können und übertragen diese gewonnene Erkenntnis auf ihr eigenes Kleidungsverhalten.

Anforderungsbereiche	Bildungsstandards	Konkretisierung in der Stunde
AB I: Reproduzieren	Grundwissen anwenden, bekannte Informationen wiedergeben, Routinen ausführen	Die Schülerinnen und Schüler untersuchen die verschiedenfarbige und retroreflektierende Kleidung auf ihre Sichtbarkeit in der Blackbox und dokumentieren ihre Beobachtungen.
AB II: Zusammenhänge herstellen	Erworbenes Wissen und bekannte Methoden miteinander verknüpfen, Zusammenhänge erkennen und nutzen	Die Schülerinnen und Schüler vergleichen ihre Beobachtungen aus 'dem Sichtbarkeitstest mit der Blackbox' und erkennen, dass helle und retroreflektierende Kleidung in der Dunkelheit besonders gut zu erkennen ist.
AB III: Verallgemeinern und Reflektieren	Eigene Lösungsstrategien entwickeln, Interpretationen und Beurteilungen einbringen	Die Schülerinnen und Schüler verallgemeinern ihre Erkenntnisse aus 'dem Sichtbarkeitstest mit der Blackbox' und erkennen, dass helle Kleidung und Reflektoren sie vor Gefahren im Straßenverkehr schützen können und übertragen diese gewonnene Erkenntnis auf ihr eigenes Kleidungsverhalten.

3.3   Fachbezogene Ziele der Unterrichtsstunde

a) Schwerpunktziel

Die Schülerinnen und Schüler finden heraus, dass helle und stark reflektierende Kleidung in der Dunkelheit besonders gut von anderen Verkehrsteilnehmern gesehen werden kann, indem sie verschiedenfarbige und retroreflektierende Kleidung in einer 'Blackbox' auf ihre Sichtbarkeit untersuchen und ihre Beobachtungen auf einem Arbeitsblatt dokumentieren.

b) Einzelziele
Die Schülerinnen und Schüler

EZ 1: ...werden auf den Lerngegenstand aufmerksam, indem sie erste Vermutungen äußern, welche Kleidung im Dunkeln gut zu sehen ist.

EZ 2: ... erweitern ihre Team- und Kommunikationsfähigkeit, indem sie sich mit ihrem Partner über ihre Planungen, Überlegungen und Beobachtungen austauschen.

EZ 3: ... finden heraus, dass helle, kontrastreiche und retroreflektierende Kleidung in der Blackbox besonders gut zu sehen ist, indem sie verschiedenfarbige Kleidung auf ihre Sichtbarkeit untersuchen.

EZ 4: ... nehmen wahr, wo überall helle, kontrastreiche und retroreflektierende Materialien aller Art zu finden sind, indem sie beispielsweise Schulranzen, Katzenaugen, Warnwesten oder Blinkschuhe genauer betrachten.

EZ 5: ...erkennen, dass helle Kleidung und Reflektoren sie vor Gefahren im Straßenverkehr schützen können, indem sie die aus der Blackbox gewonnen Erkenntnisse verallgemeinern und auf den Straßenverkehr beziehen.

EZ 6: ... verstehen, dass 'gesehen werden' keine Selbstverständlichkeit ist, sondern dass sie selbst aktiv dazu beitragen können, indem sie ihre gewonnen Erkenntnisse auf ihren eigenes Kleidungsverhalten beziehen.

c)

Arbeitsauftrag: Führe den Kleidungstest mit deinem Partner durch. Male deine Beobachtungen auf.

Forscherauftrag: Welche Kleidung ist besonders gut zu sehen?

4   Verlaufsplanung der Unterrichtsstunde

Zeit/ Handlungsmuster	Handlungsschritte	Materialien	Sozialform
Einführung ca.13 Minuten	- SuS und LAA begrüßen den Besuch. - gemeinsames Singen des Liedes zur musikalischen Einstimmung auf das Thema („Mein Weg zur Schule") - LAA und SuS erläutern die Reihen-, Ziel- und Stundentransparenz - LAA erzählt kurze Geschichte des Klassentieres auf dem Schulweg - SuS äußern erste Vermutungen, was das Klassentier hätte besser machen können - LAA erklärt den Arbeitsauftrag - LAA gibt Zeittransparenz	 - Lied - Reihentransparenz - Stundentransparenz - Klassentier 'Konstantin' - Arbeitsauftrag - Arbeitsblatt	- Plenum im Sitzkreis
EZ 1			
Erarbeitung ca. 20 Minuten	- SuS untersuchen die verschiedenfarbige und retroreflektierende Kleidung auf ihre Sichtbarkeit in der Blackbox und dokumentieren ihre Beobachtungen - LAA bewegt sich in der Klasse und gibt ggf. Hilfestellung - LAA kündigt das Ende der Arbeitsphase an - SuS räumen die Materialien auf - LAA gibt akustisches Signal zur Beendigung der Arbeitsphase	- Blackboxen - Stabpuppen - verschiedenfarbige Kleidung für die Stabpuppen - Taschenlampen - Arbeitsblätter - Buntstifte - Anleitung zum Arbeitsauftrag -Triangel	- PA
EZ 2, EZ 3, (EZ 4)			
Reflexion ca. 12 Minuten	- SuS begeben sich nach akustischem Signal mit ihren Arbeitsblättern in den Sitzkreis - LAA stellt den Forscherauftrag - SuS und LAA kommunizieren sinnstiftend über den Forscherauftrag - einige SuS berichten, wo sie noch weitere helle und retroreflektierende Materialien gefunden haben - SuS reflektieren, warum helle und retroreflektierende Kleidung wichtig ist - SuS formulieren einen Tipp für das Klassentier - LAA gibt kurzen Ausblick für die nächste Sachunterrichtsstunde	- Arbeitsblätter - Triangel - Forscherauftrag - verschiedenfarbige Kleidung - Schulranzen, Katzenaugen, Blink-Schuhe - Klassentier 'Konstantin'	- Plenum im Sitzkreis
EZ 4, EZ 5, EZ 6			

8

5 Literatur

Primärliteratur

Ministerium für Schule und Weiterbildung: *Richtlinien und Lehrpläne für die Grundschule in Nordrhein Westfalen*, Düsseldorf: Ritterbach Verlag 2012, gefunden unter: <http://www.standardsicherung.schulministerium.nrw.de/lehrplaene/upload/klp_gs/LP_GS_2 008.pdf> (06.12.2013).

Gesellschaft für Didaktik des Sachunterrichts: *Perspektivrahmen Sachunterricht*, vollst. überarbeitete Auflage, Bad Heilbrunn: Julius Klinkhardt Verlag 2013.

Sekundärliteratur:

Gläser, Eva: „Sachunterricht in Klasse 1", in: Kiper, Hanna/Nauck, Joachim: *Unterrichten im ersten Schuljahr, Hohengehren*: Schneider Verlag 1999, S. 96-115.

Grandt, Bettina/Rauch,Evelyn: *Verkehrserziehung im 1./2. Schuljahr*, München: Oldenbourg 2001.

Gressner, Arndt: Springer Lexikon. Klinische Chemie, Heidelberg: Springer Verlag 2007.

Kaiser, Astrid: *Einführung in die Didaktik des Sachunterrichts*, Hohengehren: Schneider Verlag 2010.

Schmidt, Susanne: *DGUV Lernen und Gesundheit, Verkehrserziehung – Gut sichtbar*, Deutsche Gesetzliche Unfallversicherung (Hrsg.), Wiesbaden: Universum Verlag 2011.

Weiß, Josef: Sichtbarkeit bei Dunkelheit. Unterrichtsbausteine für die Grundschuleingangsklassen, Initiative 'Sichtbarkeit bei Dunkelheit'; C&A Mode KG, Deutsche Verkehrswacht e.V. (Hrsg.), Bonn: Verkehrswacht Verlag 2007.

Unbekannter Autor: „Kleine Glaskugeln statt Tarnmantel", in: *Themenheft der Unfallkasse Post und Telekom (UKPT) Spezial: Sehen...und gesehen werden. Alles im Blick?*, 2009, S.5-8.

.

6 Anhang

6.1 Arbeitsblatt

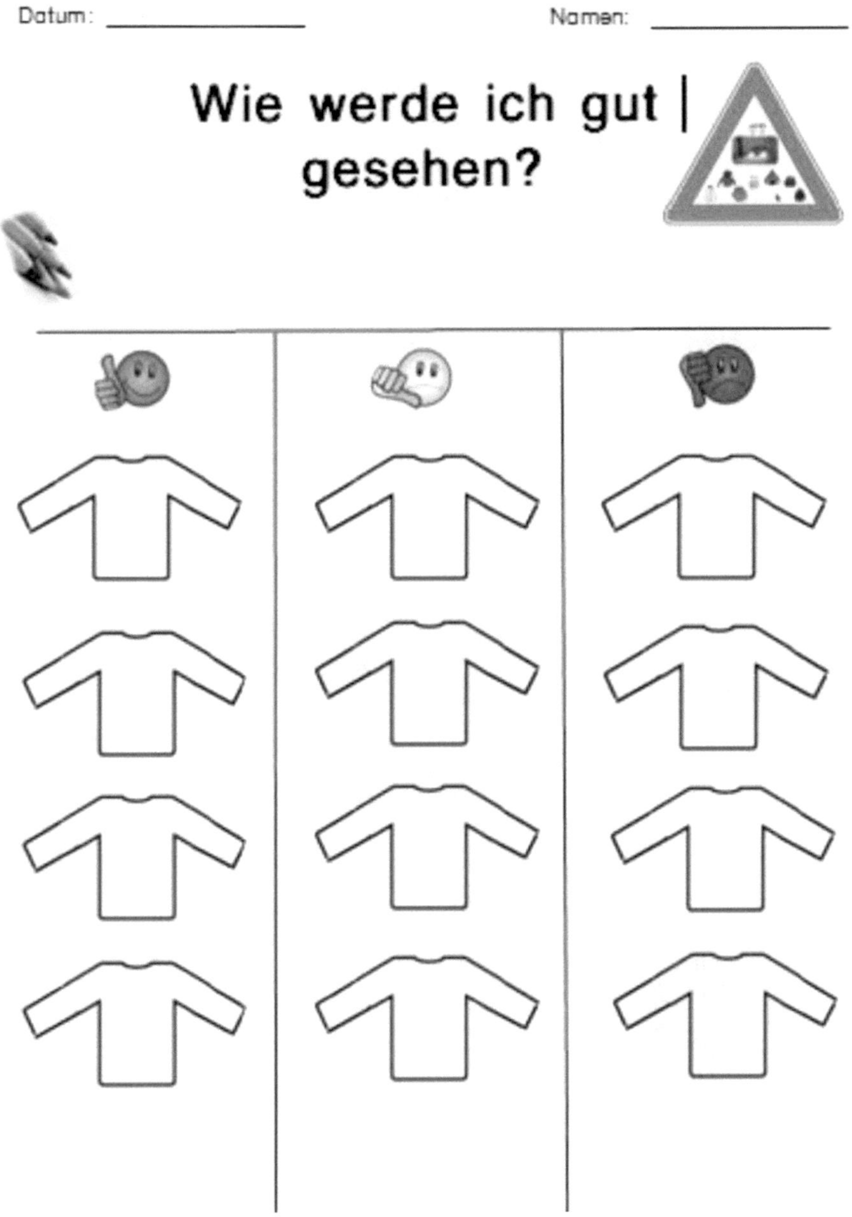

Datum: _____   Namen: _____

Wie werde ich gut |
gesehen?

6.2 Material

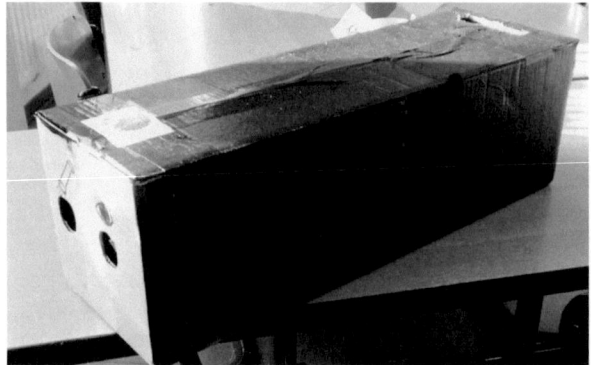

Blackbox

Stabpuppe   Stabpuppe mit Jacke

Bsp. Jacke

6.3 Lied

Mein Weg zur Schule

Trad./Bearb. Und Text: Rolf Zuckowski

Refrain:

Mein Weg zur Schule
ist nicht schwer, i-ei-i-ei-oh.
Ich geh ihn täglich hin und her,
i-ei-i-ei-oh.

Aus dem Haus, geradeaus,
an der Fahrbahn bleib ich stehn.
Ich seh' nach links
und rechts und links,
wenn alles frei ist, kann ich gehen.
Mein Weg zur Schule
ist nicht schwer, i-ei-i-ei-oh.

Mein Weg zur Schule
ist nicht schwer, i-ei-i-ei-oh.

6.4 Selbstreflexion

Das habe ich gelernt!	☺	😐	☹
Ich kenne Hindernisse auf meinem Schulweg.			
Ich weiß, dass schlechte Witterung und Dunkelheit die Sichtverhältnisse verschlechtern.			
Ich weiß, welche Kleidung ich anziehen kann, damit mich Andere in der Dunkelheit gut erkennen.			
Ich kann rechts und links unterscheiden.			

Ich weiß, wie ich sicher über eine Ampel gehe.			
Ich weiß, wie ich sicher über einen Zebrastreifen gehe.			
Ich weiß, wie ich sicher über eine ungesicherte Straße gehe.